AF349524

LE FÉLIBRE FÉLIX GRAS

L'année est fatale aux poètes. Après Henri de Bornier, c'est Armand Silvestre qui disparait, après Armand Silvestre Félix Gras, et Félix Gras, s'il n'était pas aussi célèbre que les auteurs de la *Fille de Roland* et de *Grisélidis*, ne comptait pas moins pour les nombreux fidèles de notre moderne poésie provençale (1). C'était, avec Frédéric Mistral, le seul maître survivant d'une école qui successivement a perdu tous ses chefs, le Félibrige, dont s'énorgueillit à bon droit la France méridionale, et que la France du Nord n'a garde de désavouer.

Le Capoulié des Félibres, qui vient de mourir prématurément, à peine âgé de cinquante-six ans, avait eu à se faire accepter à la suite de devanciers du premier ordre ; mais son talent toujours croissant et ses publications n'avaient pas tardé à faire de lui leur égal, à le classer comme un poète d'un rang magistral, d'une rare valeur. C'est la conviction qui doit rester à tout lecteur de son œuvre, et je crois qu'on peut parler de Félix Gras comme du plus jeune frère de Roumanille, de Mistral, d'Aubanel, d'Anselme Mathieu. D'autant plus que, si par bonheur Mistral, dans sa verte et juvénile vieillesse, survit pour donner le précepte et l'exemple, je ne vois pas qui dans la phalange des Félibres militants prendra la se-

____

(1) Depuis l'achèvement de ce travail, les Lettres françaises ont perdu encore un poète regretté, Eugène Manuel.

conde place occupée naguère et maintenant, hélas ! laissée vide par le départ de Félix Gras.

On a souvent écrit sur les Félibres dans les revues et les journaux de Paris, à propos de la fête annuelle de Sceaux ou des voyages de Mistral, mais il a manqué presque toujours aux appréciateurs de la capitale, journalistes ou critiques, d'avoir vécu dans le milieu provençal. Leurs informations, leurs jugements, comportent des lacunes que nous pouvons combler, ayant été presque le seul des lettrés parisiens qui ait, pendant des années consécutives, vécu dans l'intimité de ces lyriques provençaux. En effet, aux heures de la jeunesse, j'ai passé dans le Midi une partie de mon temps d'enseignement secondaire et j'ai eu le privilège des relations intimes avec les Félibres et des confidences poétiques de ce groupe initial aujourd'hui presque tout entier dispersé.

Par exemple je ne donnerai pas l'explication encore inédite de ce nom de Félibre qui caractérise ces poètes d'outre-Loire. Eux-mêmes ne savent pas l'étymologie bien exacte de ce nom devenu inséparable de leur œuvre. Il y a toujours eu quelque chose d'imprévu, même de mystérieux dans la façon dont jaillissent, pour ainsi dire, les noms des écoles ou des partis qui deviennent traditionnels et légendaires.

Quoi qu'il en soit, les Félibres ont un premier caractère distinctif que la poésie française présente à quelques moments de son histoire, dans les promenades de Ronsard et de ses adeptes et leurs haltes aux auberges du Bas-Meudon, dans les diners de Boileau, de Racine, de La Fontaine et de Molière au cabaret du Mouton-Blanc et de la Pomme-de-Pin, dans les réunions de banlieue des Romantiques de 1825 sous la tonnelle de la mère Saguet. C'est d'être avant tout des amis, des camarades, des commensaux.

Ce qui a contribué sûrement à les maintenir tels, c'est qu'ils n'ont pas éprouvé, comme tant d'autres, les rivalités d'honneurs et d'argent ; ils n'ont convoité que le vert laurier dont la possession n'excite ni la cupidité avide, ni l'ambition fiévreuse, et chacun en a sagement accepté sa part, grande ou petite, sans jalouser le voisin. Ils ont été, sans interruption, des compagnons de jeunesse, de poésie et de table aussi, comme Horace et ses intimes, « sodales ». C'est ainsi qu'ils se sont connus au début, aimés, unis pour leur œuvre poétique, dans des agapes confiantes, parmi tous les beaux sites du Midi languedocien, provençal, comtadin, à la Fontaine de Vaucluse, au pont du Gard, à Font-Claréte, à Font-Segugne, noms de villages qui résonnent comme des modulations de lyre, mais principalement, ainsi que Mistral nous l'a dit, sur les bords du Rhône, dans les iles qui séparent les deux rives entre Avignon et Villeneuve ; c'est là, devant le soleil couchant qui dore si poétiquement le château des Papes et les remparts d'Avignon, dans des soupers prolongés bien après le lever des étoiles, que Mistral et ses émules ont échangé tant de causeries alertes, brillantes, toujours honnêtes et le plus souvent élevées, donnant l'essor à la fantaisie, au rêve, aux grandes ailes des Muses !

Qui ne tiendrait compte avant tout de ces repas d'amis poétes, auxquels Mistral fait allusion dans la préface de ses *Iles d'or*, ne comprendrait pas l'originalité du Félibrige, son caractère de poésie à la fois superbe et familière, subtile et primitive, artistique et naturelle. Il y a là vraiment un échange de vie fraternelle qui ne peut exister qu'entre commensaux. Quiconque a senti ce charme et goûté cette expansion fraternelle ne les oubliera jamais.

C'est dans ce milieu de poétes ingénus et savants à la fois que s'est produit, que s'est développé le dernier d'entre eux par la date, mais non par le talent, Félix Gras. Amené dans ces réunions par le doyen de la bande poétique, Roumanille, dont il était le beau-frère, Félix Gras, très jeune encore, se joignit à ceux dont j'ai cité les noms.

à Roumieux, à Jean Brunet, à Gaut, à Tavan, à Crousilhat, à Michel, à Bringuier, à Bonaparte Wyse, pour reprendre à ses origines le dialecte dont ils voulaient se servir. Ils se sont dit avec raison que le patois n'était qu'une altération de ce dialecte et qu'ils avaient le droit de le retremper dans la véritable langue romane, notre langue d'oc. C'est ainsi que renouant à travers les âges la chaîne brisée de la tradition, ils font remonter au XIe, au XIIe, au XIIIe siècle, pour y reprendre un héritage qui leur appartenait par vertu de naissance, le trésor trois fois séculaire de la poésie française, telle qu'elle s'était manifestée dans le Midi des Troubadours. La poésie du Gay Saber devait reparaître du jour où des novateurs de génie ou de talent iraient dans sa sépulture frémissante la chercher, l'exhumer, la ressusciter. Après Roumanille le précurseur, ces novateurs furent Mistral, Aubanel, et leur disciple immédiat, Félix Gras.

D'abord notaire à Villeneuve, puis juge de paix à Avignon, Félix Gras n'a pas cessé d'être poète. Son œuvre est relativement considérable. Elle ne comprend pas moins de deux volumes de prose et de trois recueils poétiques. Le premier de tous, *Les Charbonniers*, nous représente une véritable épopée, qu'on peut citer après *Mireille* et *Calendal*. C'est de ce dernier poème qu'elle se rapproche le plus. Car le poète a puisé ses inspirations dans l'âpre nature et le paysage sévère de la montagne provençale. C'est le Ventoux, le mont Ventoux, gigantesque, avec ses grandes forêts, ses rochers abrupts, ses ifs et ses noyers énormes, qui sert de théâtre à des luttes épiques. Ces luttes s'engagent entre deux races ennemies qui se disputent les bois du Ventoux, les charbonniers laborieux et les bandits déprédateurs. Le héros, Réginel, est le chef des travailleurs, Oursan celui des brigands. Et tous deux sont épris de la belle Annonciade. Réginel est obligé de faire son tour de France. En son absence, Oursan tente d'enlever Annonciade. Mais Réginel revient à temps pour

tuer le scélérat, exterminer les brigands et faire consacrer
son amour.

Un mouvement prodigieux, une flamme ardente, rem-
plissent ce poème tumultueux que le souffle et la verve,
qualités très rares de nos jours, recommandent à notre
admiration. Cet emportement de lyrisme, ce grandiose
soutenu, cette fougue irrésistible, ce sont les dons mêmes
du poëte, et nous n'en connaissons pas de plus précieux.
Car nous refusons le beau nom de poëte à ceux qui n'ont
d'haleine que pour une vingtaine de vers péniblement
concertés. Ici au contraire la poésie déborde, sans qu'il y
ait jamais excès ou prolixité. C'est l'élan du créateur toujours surveillé par la précision de l'artiste, la perfection
dans l'abondance.

Je ne sais lequel préférer de ces épisodes puissants, l'in-
cendie de la caverne où les bandits ont leur repaire, l'at-
taque par leur bande du château de Saint-Lambert, la
chasse aux loups, la lutte où Réginel remporte le prix, le
tableau de la fabrication de la poudre dans la grotte des
voleurs, enfin la bataille homérique déchaînée et menée
vigoureusement dans les quatre derniers chants du poème.

Voici quelques-unes de ces strophes qui donnent une
idée de cette poésie éloquente et colorée :

« Pour abreuver les hirondelles, pour rafraîchir quel-
» ques fleurettes, pour dire que tu voulais un petit ruis-
» seau, Nature qui ne peux rien désirer en vain, tu as
» tranché comme un nuage cinq lieues de montagnes.
» Qu'ils sont grands, qu'ils sont beaux tes caprices !

» O nature merveilleuse, ô coupe éternelle! Des gouf-
» fres de ce monde aux gouffres du ciel bleu, n'est-ce pas
» que ton âme est si sereine, que de l'homme il n'y a
» rien, mais rien que la vertu qui puisse fièrement se
» comparer à toi... »

Ce sont des pensées dignes du Lamartine de *Jocelyn*.
Les descriptions, les épisodes dans leur entraînement pas-
sionné, sont dignes parfois du Hugo de *La Légende*.

« Alors commence le grand combat. A travers la combe
» immense, Réginel lance un roc aussi facilement qu'une
» poignée de semence dans les sillons. Le roc fait un
» bruissement, puis fond comme une cresserelle du haut
» des cieux... Soudain un coup de bise envoie sur Réginel
» un nuage chargé de tempêtes qui couvre le soleil. Il fait
» presque nuit et les lavandes répandent leur parfum, et
» le vent comme un fléau les fouette sur le roc qui reçoit
» les soufflets.

» Et dans la nue qui hurle des tonnerres jaillit la
» flamme. Tout à coup la nue en crevant lance des grê-
» lons qui hachent les rameaux des mélèzes, étourdissent
» les troupeaux, et les rochers gigantesques en sont défi-
» gurés longtemps après l'ouragan. »

Voici maintenant un cri de passion qui résume l'immense amour de Réginel pour Annonciade. C'est au mo-
ment où il combat seul contre la bande des compagnons
d'Oursan : « O fille de mon cœur, la mort va m'emporter !
» Adieu, mon amour, ma félicité ! mes baisers ne cueille-
» ront plus sur ta lèvre ardente ce qui contente le cœur
» gonflé d'amour. Tout à l'heure je vais mourir. Si tu
» pouvais être là présente, il me semble que la mort me
» ferait moins souffrir. Un rayon de tes prunelles suffirait
» pour me nourrir toute l'éternité ! Douce comme le par-
» fum des violettes, ton haleine chasserait la glace hor-
» rible de la mort. Dans un baiser, je poserais mon âme et
» l'amour de mon cœur ! O fille, je t'aime, je t'aime ! Et
» parce que je t'aime, je ne veux plus mourir... »

Enfin l'amour triomphe avec la bonne cause et le dé-
nouement amène cette lyrique explosion :

« Se retournant, Réginel, plus amoureux qu'une co-
» lombe, a vu Annonciade pâle comme la neige, là-haut
» sur le pic où le soleil darde. Et l'immense joie le gagne
» aussitôt. Il fait quatre bonds sur la montagne et, jetant
» un grand cri, les yeux pleins de larmes, scintillant
» comme les fleurs trempées de rosée, il se précipite dans

» ses bras, et. comme deux enfants, alors de chauds bai-
» sers ils apaisent leur faim. »

Toloza, qui vint longtemps après *Les Charbonniers*,
est une véritable chanson de gestes qui nous reporte au
XIIIe siècle. Voici comment le poète l'annonce et il tiendra
sa promesse :

« Je dirai leurs joies et leurs désastres. Sublime tour-
» billon ! grands coups de dagues, heurts des boucliers,
» des haches, bris de lances et bris d'épées, retentissent
» à mes oreilles ! Retentissent aussi les baisers des cours
» d'amour ! »

Ce poème, plein de fougue chevaleresque, nous ramène
au *Girard de Viane*, aux *Aliscamps*, à toutes les œuvres
maîtresses de l'épopée médiévale. C'est le don d'invention
et l'enthousiasme de nos aïeux avec tout l'art d'un moderne. La fiction est attachante, le rythme entraînant, les
détails tantôt éclatants, tantôt gracieux. Cependant la
force domine.

Ici la donnée première est fournie par la croisade de
Montfort contre les Albigeois. C'est un phénomène curieux
que ce sentiment des Méridionaux, même les plus ortho-
doxes, contre cette invasion des hommes du Nord, chas-
seurs d'hérétiques. Le souvenir qu'elle a laissé se trahit
dans maintes poésies des Félibres et surtout dans ce beau
poème de *Toloza*. En effet, les personnages odieux du
récit lyrique sont les Croisés et leurs auxiliaires. Les personnages sympathiques sont les guerriers albigeois. Le plus
captivant de tous est le pâtre Jean Pierret qui, reconnu et
élevé par la dame Alix Floride, devient un vaillant cheva-
lier, un preux de tournoi, un favori des cours d'amour, de
plus un terrible pourfendeur. Aussi bien est-il désigné pour
frapper les plus rudes coups dans la résistance provençale
à l'irruption des Croisés. Il va droit aux ennemis avec ses
compagnons Blacas, Mauléon et Miraval ; mais, parmi ses
prouesses, il rencontre dans le camp hostile une jeune
guerrière, amazone chrétienne, Angélique de Simiane. Et

leurs cœurs sont pris en un serment. Ce qui n'empêche
pas Jean Pierret de faire travailler fièrement sa dague et
son épée et de tuer autant d'adversaires qu'un combattant
de l'*Iliade* ou bien un paladin de la *Chanson de Roland*.

Jean Pierret « fait pleuvoir les têtes et les bras dans les
» genêts et les asphodèles. » Et c'est ainsi qu'il défend
Carcassonne en grande bataille et trouve encore moyen de
retrouver Angélique dans la mêlée. Cette fois Angélique
est à lui par la pensée et par le cœur. Mais l'oncle de la
jeune fille, l'évêque de Cahors. la fait jeter dans une prison.
Les pages d'amour contrastent habilement avec ce qu'on
pourrait appeler les paysages de batailles :

> « La pleine lune s'est levée ;
> » Elle brille dans le ciel comme un bouclier d'argent ;
> » Les rayons jouent dans l'or des oriflammes au vent
> » Et sur l'herbe trempée de rosée et les armures brillantes.
> » Toutes les tentes sont closes
> » Et le cauchemar danse sur l'armée qui dort.
> » Des vols de corbeaux, des vols de corneilles
> » Couvrent les arbres et les murs.
> » Dans le charnier de la bataille
> » Ces énormes oiseaux rongent les yeux des morts. »

Ne croirait-on pas avoir sous les yeux un tableau dé-
taché de la *Légende des Siècles ?*

Jean Pierret traverse mille aventures pour la défense de
sa cause et la recherche de sa bien-aimée. Il est pris par
trahison. puis délivré ; au chant septième, au huitième, il
gagne encore des batailles. « Tel le faucheur avec sa faux
ouvre un large sillon dans le blé doré. » Puis après tant
d'exploits, il se remet en route pour délivrer Angélique.
Il n'y réussit qu'à moitié. Car son amante lui échappe encore et lui-même périra victime d'une surprise. Ce sera la
jeune guerrière qui vengera son fiancé en tuant Simon de
Montfort de sa propre main.

Tel est ce poème où les scènes de combat révèlent
l'ampleur des vieilles épopées, où les descriptions revêtent

la précision antique. C'est à coup sûr dans le genre narratif la plus belle œuvre avec *Calendal* de la langue d'oc renouvelée.

Le *Romancero provençal*, qui date de 1887, fait pendant aux *Iles d'or* de Mistral, toutes proportions gardées. Car c'est un recueil absolument lyrique. Supposez les ballades d'Audefroy ou de tel chansonnier du Moyen-âge avec toutes ses ressources et toutes les industries de la poésie moderne. Mais les thèmes sont analogues. C'est la blonde Mirabelle que l'on marie contre son gré à un seigneur difforme et laid, et que le hasard délivre de sa chaine ; c'est le roi des Sarrasins qui s'enamoure de la provençale Denise que lui refuse un « parâtre »; c'est dame Guiraude, ensevelie depuis six cents ans, et dont la voix sous l'amas de pierres fait entendre un soupir de liberté ; c'est la Jeannette du cotillon vert qui devient la belle amie du roi. Ce sont aussi les figures légendaires de la Provence, la reine Jeanne, le roi René, le vaillant prince d'Aragon. Je regrette de ne pouvoir citer un de ces épisodes où se mêle l'agilité du rythme à la vivacité de l'accent. Ce sont joyaux d'artistes que les chansons de ce Romancero.

Félix Gras ne fut pas seulement un poète original, c'était en sa langue de Félibre un prosateur exquis. On peut en juger par ses *Papalines*, histoires du vieil Avignon pontifical qui tiennent le milieu entre les contes juvéniles d'Alphonse Daudet et les récits d'Emile Gebhart. Ce sont autant de fictions savoureuses qui respirent encore la fleur d'un passé galant et mystique, sensuel et pieux à la fois. Mais le chef-d'œuvre du volume, c'est une aventure contemporaine, *la Camargue*, où l'auteur fait tenir tout un drame d'amour et de mort dans un paysage d'une fidélité pittoresque. C'est vraiment « peint », comme eût dit Mme de Sévigné : « Pays de Camargue, plaine sans fin,
» coupée par le luisant des étangs et quelques rideaux
» de tamaris à la floraison fine comme de la mousseline
» rose. Cela sous un ciel bleu, profond, sans nuage, rayé

» par des lignes de flamands et des vols de cormorans
» qui vont en triangle. »

Le roman des *Rouges du Midi*, sur lequel nous ne pouvons insister dans les limites de ce travail, est plein de sève et de verdeur. La vie de la Révolution y bouillonne dans toute son ardeur.

Telle est, dans son ensemble, l'œuvre de Félix Gras, comprenant deux volumes de prose et trois recueils poétiques. Quand on songe au nombre d'années qu'il eût pu vivre encore, aux poèmes qu'il eût certainement composés, on ne saurait trop déplorer cette perte. On ne pourrait encore trop regretter l'homme dont le visage exprimait si bien l'ardeur et la fierté, l'ami sûr, le confrère accueillant pour les jeunes, le patriote enfin qui avait pris et vérifié par lui-même cette belle devise : « J'aime mon village » plus que ton village, j'aime ma Provence plus que ta » province, j'aime la France plus que tout! »

Il me souvient qu'aux fêtes de Pétrarque en Avignon, fêtes que la municipalité d'alors avait faites plus italiennes que françaises, Félix Gras, parmi tous ces toasts qui n'oubliaient rien que la patrie, porta seul un *brinde* au drapeau tricolore qui retentit dans nos cœurs. Le souvenir de cette initiative hardie vivra toujours chez ceux qui dans le Félibre artiste ont encore aimé le sincère républicain. Qu'en mémoire donc de cette journée les plis du drapeau tricolore ombragent la tombe de notre ami sur laquelle doit éternellement fleurir le laurier inséparable des vrais poètes.

EMMANUEL DES ESSARTS.

(Extrait de la *Revue d'Auvergne*.)

Clermont-Ferrand. — Imp. G. Mont-Louis, rue Barbançon, 2.

www.ingramcontent.com/pod-product-compliance
Lightning Source LLC
LaVergne TN
LVHW010919180726
843502LV00010B/4192